Geschichten unterm Weihnachtsbaum

herausgegeben von
Dorothee Dziewas

© 2013 Brunnen Verlag Gießen
www.brunnen-verlag.de
Umschlagfoto: Shutterstock
Umschlaggestaltung: Sabine Schweda
Satz: DTP Brunnen
Druck: CPI – Ebner & Spiegel, Ulm
ISBN 978-3-7655-4213-8

Inhalt

Melody Carlson
Der Porzellanengel — 5

Bertolt Brecht
Das Paket des lieben Gottes — 11

Elizabeth von Arnim
Weihnachten in einem bayrischen Dorf — 16

Erma Bombeck
Ich kann euch sagen, es weihnachtet sehr … — 22

Dorothee Dziewas
Der Mantel — 25

Eva Schwimmer
Unter Hirten — 32

Dorothee Evers
Weihnachten – einmal ganz anders — 36

Albrecht Gralle
Josef steigt aus — 41

Unbekannter Verfasser
Die goldene Kette — 49

Karl Heinrich Waggerl
Vom Wünschen und Schenken — 55

Hanns Dieter Hüsch
Die Ritterburg mit der Zugbrücke — 60

Quellenverzeichnis — 63

Der Porzellanengel

von Melody Carlson

Als Hanna mit der Wäsche fertig war, war es still im Haus geworden. Sie stellte Kuchen und Sahne in den Kühlschrank und ließ nur eine Schale mit Plätzchen auf dem Tisch, falls einige Gäste zu späterer Stunde noch Hunger verspüren sollten. Sie zog den Stecker für die Weihnachtsbeleuchtung heraus und blies die Kerzen aus. Doch als sie sich bückte, um die große weiße Kerze im Flur zu löschen, hielt sie plötzlich inne. Irgendetwas stimmte nicht.

Sie betrachtete den zierlichen Stechpalmenzweig mit den roten Beeren, der sich um die Kerze wand und sich in der glänzenden Oberfläche des Mahagoni-Tischchens spiegelte. Auf einmal wusste sie, was es war: Ihr Porzellanengel fehlte. Sie blickte sich in der Eingangshalle um, auf ihrem Rezeptionstisch, im Wohnzimmer. Schließlich stand sie vor der Tür zu Charles' Arbeitszimmer. Ein schwacher Lichtstrahl fiel unter der Tür durch und verriet, dass Charles noch auf war.

„Hallo?" Sie drückte leise die Klinke herunter. Er schaute überrascht auf, als sei er soeben von einem Nickerchen aufgeschreckt oder in sein Buch vertieft gewesen. Charles las gern alte Western. Er hatte jedes einzelne Exemplar gelesen, das er ergattern konnte. Da sein Gedächtnis im Alter nachließ, wie er behauptete, las er sie alle noch einmal von vorn. Sollte er jemals an Alzheimer erkranken – was Gott verhindern möge –, so wäre er vollkommen glücklich, wenn er dieselben Bücher wieder und wieder lesen könnte.

„Ich wollte dich nicht stören."

Er schenkte ihr ein breites Lächeln und klappte das Taschenbuch zu. „Du störst niemals, das weißt du doch."

„Hast du vielleicht meinen Engel gesehen?"

Er blickte sie verwirrt an.

„Den Porzellanengel, der immer im Flur auf dem Tischchen steht. Er ist plötzlich verschwunden."

Charles erhob sich von seinem Sessel. „Ja, ich erinnere mich an das gute Stück. Ein schöner Engel. Er scheint offensichtlich ausgeflogen zu sein, aber ich weiß beim besten Willen nicht, wohin."

Doch Hanna war nicht nach Späßen zumute. „Vielleicht ist jemand aus Versehen an den Tisch gestoßen, und der Engel ist heruntergefallen und kaputtgegangen." Sie dachte daran, wie Julia den kleinen Engel anfassen wollte und ihre Mutter sie daran gehindert hatte.

„Aber ohne etwas zu sagen?"

„Du hast recht, das ist eher unwahrscheinlich." Sie dachte nach. „Glaubst du, jemand könnte ihn gestohlen haben?"

„Aber warum?"

„Immerhin ist er ein wertvolles Stück."

„Ist er das?"

Sie zuckte die Achseln und bereute im selben Augenblick, dass sie es überhaupt erwähnt hatte. „Wahrscheinlich hat er für niemanden so einen Wert wie für mich."

Charles sah sie an und setzte sich wieder hin. Sein Interesse war geweckt. „Ich glaube, ich habe dich nie gefragt, woher dieser Engel stammt. Mir ist, als wäre er schon immer da gewesen."

Sie setzte sich in den Stuhl gegenüber. „Ich habe ihn von meiner Großmutter."

„Ah …"

Charles wusste, dass Hannas Beziehung zu ihren Großeltern schwierig gewesen war und dass sie nicht gern darüber sprach. Doch sie erzählte jetzt von sich aus weiter: „Sie hat mir den Engel zu meinem sechzehnten Geburtstag geschenkt und unter anderem gesagt, dass es sich um ein wertvolles Stück handle und dass sein Wert mit den Jahren noch steigen würde. Ich sollte gut aufpassen, damit er nicht kaputtgeht." Sie lächelte verlegen. „Ich war als Kind wie ein Elefant im Porzellanladen."

„Vielleicht weil du immer schon groß für dein Alter warst."

„Ja, das war ich."

„Was glaubst du, wo der Engel sein könnte?"

Sie schüttelte den Kopf. „Ich habe keine Ahnung. Heute sind hier so viele Leute ein und aus gegangen. Aber ich denke, wenn der Engel zu Bruch gegangen wäre, hätte ich es doch hören müssen, oder nicht?"

Er nickte zustimmend.

„Glaubst du, jemand hat ihn gestohlen?" Sie hoffte, dass diese Vermutung nicht zutraf.

„Das kann ich einfach nicht glauben."

„Nein", sagte sie rasch, „ich auch nicht."

„Vielleicht taucht er plötzlich wieder auf."

„Ja, das kann gut sein."

Im selben Augenblick spürte Hanna, wie ein furchtbarer Gedanke sie durchzuckte. Vielleicht gab es einen Dieb in ihrem Haus oder unter den Besuchern. Die meisten Leute würden wohl mit dem Finger auf Collin und Amy Schuster zeigen. Was wusste sie schon von ihnen? Sie waren praktisch wildfremde Menschen und sie könnten das Geld sicher gebrauchen. Doch wären sie nach all dem, was Charles und sie für sie getan hatten, zu so einem Diebstahl fähig? Sie schob den Gedanken energisch beiseite.

Am Freitagmorgen stand Hanna besonders früh auf. Im Kopf hatte sie bereits eine Liste aller noch zu erledigenden Dinge und hoffte, sie konnte sie zu Papier bringen, bevor sie die Hälfte vergessen hatte. Als sie den Flur entlangging, blieb sie kurz an dem Mahagoni-Tischchen stehen, wie um sich zu vergewissern, dass der Porzellanengel wirklich nicht da war. Gestern Abend im Bett hatte sie fast an ihrem Verstand gezweifelt und sich gefragt, ob sie sich das Ganze vielleicht nur eingebildet hatte. Doch der Engel fehlte immer noch. Sie ließ die Finger über die polierte Tischplatte gleiten und bückte sich sogar, um auf dem Boden nach möglichen abgesplitterten Porzellanteilchen zu tasten, doch außer dem zwei Tage alten Staub förderte sie nichts zutage.

Sie versuchte, den Engel ein für alle Mal aus ihrem Gedächtnis zu verbannen. Aber während sie am Küchentisch ihre Liste schrieb und später, als sie in ihrem Andachtsbuch las, kehrten ihre Gedanken immer wieder zu dem Engel zurück. Gleichzeitig musste sie an ihre Großmutter denken. Anders als sonst erinnerte sie sich plötzlich an ihre guten Seiten. Von ihr hatte Hanna zum Beispiel gelernt, früh aufzustehen. Und wie nützlich es war, Listen zu schreiben.

Während sie die Zutaten für den Waffelteig mischte, dachte sie daran, wie ihre Großmutter ihr beigebracht hatte, wie man backte, kochte, nähte und den Haushalt führte. Obwohl ihre Großeltern wohlhabend genug gewesen waren, um sich eine Haushaltshilfe zu leisten, bestand ihre Großmutter darauf, diese Arbeiten selbst zu tun, nicht zuletzt, um Geld zu sparen.

„So bin ich eben aufgewachsen", hatte sie Hanna einmal anvertraut. „Meine Mutter war eine gestandene Frau aus der alten Zeit, sie lehrte uns Genügsamkeit und wie man im Leben zurechtkommt."

Im Laufe des Vormittags wurde Hanna mehr und mehr bewusst, wie viel sie ihrer Großmutter zu verdanken hatte. Zum ersten Mal seit langer Zeit empfand sie ein tiefes Gefühl der Liebe und Dankbarkeit für sie. Dann wanderten ihre Gedanken zu ihrem Großvater, und sie dachte an seine gütige Art, seine sanfte, leise Stimme und seinen feinen Humor. Sicher war es auch für ihre Großeltern keine einfache Situation gewesen, als Hannas Eltern bei dem Autounfall ums Leben gekommen waren und sie plötzlich mit den Bedürfnissen eines Kleinkindes konfrontiert waren. Oft hatte Hanna ihre Großeltern als stur und altmodisch empfunden, aber schließlich gehörten sie einer anderen Generation an und waren schon lange aus der Übung, was Kindererziehung anging. Deutlich wie nie zuvor erkannte sie, dass ihre Großeltern immer das

Beste für sie gewollt hatten. Warum hatte sie das früher nie bemerkt?

Hanna stellte plötzlich fest, dass sie weinte. Sie hoffte, dass keine Tränen in den Teig gefallen waren, in dem sie mechanisch weiterrührte. Sie stellte die Schüssel beiseite und wischte sich mit einem Papiertuch über das Gesicht. Sie fühlte sich seltsam erleichtert. Dies waren keine Tränen der Trauer und Bitterkeit, sondern heilsame, reinigende Tränen. Loslassen können, Tatsachen annehmen, die nicht mehr zu ändern waren, und dabei erkennen, wie viel Grund zur Dankbarkeit sie hatte – war das nicht das Wichtigste?

Als sie mit den Frühstücksvorbereitungen fertig war, fühlte sie sich, als sei eine schwere Last von ihr abgefallen. Und sie wusste, selbst wenn sie den kleinen Porzellanengel nie mehr wiedersehen würde, so hatte er doch seine Aufgabe erfüllt.

Das Paket des lieben Gottes

von Bertolt Brecht

Nehmt eure Stühle und eure Teegläser mit hier hinten an den Ofen und vergesst den Rum nicht. Es ist gut, es warm zu haben, wenn man von der Kälte erzählt.

Manche Leute, vor allem eine gewisse Sorte Männer, die etwas gegen Sentimentalität hat, haben eine starke Aversion gegen Weihnachten. Aber zumindest ein Weihnachten in meinem Leben ist bei mir wirklich in bester Erinnerung. Das war der Weihnachtsabend 1908 in Chicago. Ich war Anfang November nach Chicago gekommen, und man sagte mir sofort, als ich mich nach der allgemeinen Lage erkundigte, es würde der härteste Winter werden, den diese ohnehin genügend unangenehme Stadt zustande bringen könnte. Als ich fragte, wie es mit den Chancen für einen Kesselschmied stünde, sagte man mir, Kesselschmiede hätten keine Chancen, und als ich eine halbwegs mögliche Schlafstelle suchte, war alles zu teuer für mich. Und das erfuhren in diesem Winter 1908 viele in Chicago, aus allen Berufen.

Und der Wind wehte scheußlich vom Michigansee herüber durch den ganzen Dezember, und gegen Ende des Monats schlossen auch noch eine Reihe großer Fleischpackereien ihren Betrieb und warfen eine ganze Flut von Arbeitslosen auf die kalten Straßen.

Wir trabten die ganzen Tage durch sämtliche Stadtviertel und suchten verzweifelt nach etwas Arbeit und waren froh, wenn wir am Abend in einem winzigen, mit erschöpften Leuten angefüllten Lokal im Schlachthofviertel unterkommen konnten. Dort hatten wir es wenigstens warm und konnten ruhig sitzen. Und wir saßen, solange es irgend ging, mit einem Glas Whisky, und wir sparten alles den Tag über auf für dieses eine Glas Whisky, in das noch Wärme, Lärm und Kameraden mit einbegriffen waren, all das, was es an Hoffnung für uns noch gab.

Dort saßen wir auch am Weihnachtsabend dieses Jahres, und das Lokal war noch überfüllter als gewöhnlich und der Whisky noch wässriger und das Publikum noch verzweifelter. Es ist einleuchtend, dass weder das Publikum noch der Wirt in Feststimmung geraten, wenn das ganze Problem der Gäste darin besteht, mit einem Glas eine ganze Nacht auszureichen, und das ganze Problem des Wirtes, diejenigen hinauszubringen, die leere Gläser vor sich stehen hatten.

Aber gegen zehn Uhr kamen zwei, drei Burschen herein, die, der Teufel mochte wissen woher, ein paar Dollars in der Tasche hatten, und die luden, weil es doch eben Weihnachten war und Sentimentalität in der Luft lag, das ganze Publikum ein, ein paar Extragläser zu leeren. Fünf Minuten darauf war das ganze Lokal nicht wiederzuerkennen. Alle holten sich frischen Whisky (und passten nun ungeheuer genau darauf auf, dass ganz korrekt eingeschenkt wurde), die Tische wurden zusammengerückt, und ein verfroren aussehendes Mädchen wurde gebeten, einen Cakewalk zu tanzen, wobei sämtliche Festteilnehmer mit den Händen den Takt klatschten. Aber was soll ich sagen, der Teufel mochte seine schwarze Hand im Spiel haben, es kam keine rechte Stimmung auf.

Ja, geradezu von Anfang an nahm die Veranstaltung einen direkt bösartigen Charakter an. Ich denke, es war der Zwang, sich beschenken lassen zu müssen, der alle so aufreizte. Die Spender dieser Weihnachtsstimmung wurden nicht mit freundlichen Augen betrachtet. Schon nach den ersten Gläsern des gestifteten Whiskys wurde der Plan gefasst, eine regelrechte Weihnachtsbescherung, sozusagen ein Unternehmen größeren Stils, vorzunehmen.

Da ein Überfluss an Geschenkartikeln nicht vorhanden war, wollte man sich weniger an direkt wertvolle und mehr an solche Geschenke halten, die für die zu Beschenkenden passend waren und vielleicht sogar einen tieferen Sinn hatten.

So schenkten wir dem Wirt einen Kübel mit schmutzigem Schneewasser von draußen, wo es davon gerade genug gab, *damit er mit seinem alten Whisky noch ins neue Jahr hinein ausreichte.* Dem Kellner schenkten wir eine alte, erbrochene Konservenbüchse, *damit er wenigstens ein anständiges Servicestück hätte,* und einem zum Lokal gehörigen Mädchen ein schartiges Taschenmesser, *damit sie wenigstens die Schicht Puder vom vergangenen Jahr abkratzen könnte.*

Alle diese Geschenke wurden von den Anwesenden, vielleicht nur die Beschenkten ausgenommen, mit herausforderndem Beifall bedacht. Und dann kam der Hauptspaß.

Es war nämlich unter uns ein Mann, der musste einen schwachen Punkt haben. Er saß jeden Abend da, und Leute, die sich auf dergleichen verstanden, glaubten mit Sicherheit behaupten zu können, dass er, so gleichgültig er sich auch geben mochte, eine gewisse, unüberwindliche Scheu vor allem, was mit der Polizei zusammenhing, haben musste. Aber jeder Mensch konnte sehen, dass er in keiner guten Haut steckte.

Für diesen Mann dachten wir uns etwas ganz Besonderes aus. Aus einem alten Adressbuch rissen wir mit Erlaubnis des Wirtes drei Seiten aus, auf denen lauter Polizeiwachen standen, schlugen sie sorgfältig in eine Zeitung und überreichten das Paket unserm Mann.

Es trat eine große Stille ein, als wir es überreichten. Der Mann nahm das Paket zögernd in die Hand und sah uns mit einem etwas kalkigen Lächeln von unten herauf an. Ich merkte, wie er mit den Fingern das Paket anfühlte, um schon vor dem Öffnen festzustellen, was darin sein könnte. Aber dann machte er es rasch auf.

Und nun geschah etwas sehr Merkwürdiges. Der Mann nestelte eben an der Schnur, mit der das „Geschenk" verschnürt war, als sein Blick, scheinbar abwesend, auf das Zeitungsblatt fiel, in das die interessanten Adressbuchblätter geschlagen waren. Aber da war sein Blick schon nicht mehr abwesend. Sein ganzer dünner Körper (er war sehr lang) krümmte sich sozusagen um das Zeitungsblatt zusammen, er bückte sein Gesicht tief darauf herunter und las. Niemals, weder vor- noch nachher, habe ich je einen Menschen so lesen sehen. Er verschlang das, was er las, einfach. Und dann schaute er auf. Und wieder habe ich niemals, weder vor- noch nachher, einen so strahlend schauen sehen wie diesen Mann.

„Da lese ich eben in der Zeitung", sagte er mit einer verrosteten, mühsam ruhigen Stimme, die in lächerlichem Gegensatz zu seinem strahlenden Gesicht stand, „dass die ganze Sache einfach schon lang aufgeklärt ist. Jedermann in Ohio weiß, dass ich mit der ganzen Sache nicht das Geringste zu tun hatte." Und dann lachte er.

Und wir alle, die erstaunt dabeistanden und was ganz anderes erwartet hatten und fast nur begriffen, dass der Mann unter irgendeiner Beschuldigung gestanden und inzwischen, wie er eben aus diesem Zeitungsblatt erfahren hatte, rehabilitiert worden war, fingen plötzlich an, aus vollem Halse und fast aus dem Herzen mitzulachen, und dadurch kam ein großer Schwung in unsere Veranstaltung, die gewisse Bitterkeit war überhaupt vergessen, und es wurde ein ausgezeichnetes Weihnachten, das bis zum Morgen dauerte und alle befriedigte.

Und bei dieser allgemeinen Befriedigung spielte es natürlich gar keine Rolle mehr, dass dieses Zeitungsblatt nicht wir ausgesucht hatten, sondern Gott.

Weihnachten in einem bayrischen Dorf

von Elizabeth von Arnim

Als ich in der Dämmerung eines taubengrauen Nachmittags aus dem Zug stieg, kam mir meine Tochter auf dem Bahnsteig entgegengerannt, und neben ihr rannte ein junger Mann in kurzen Lederhosen und mit nackten Knien, und da es schon stark dunkelte und mir dieser Aufzug vertraut war, dachte ich, es sei ihr Ehemann. Deshalb begrüßte ich ihn entsprechend überschwänglich, nahm seine Hände in die meinen und rief: „Wie reizend von dir, bei dieser Kälte aus dem Haus zu gehen!"

Zum Glück kam es zwischen meinem Schwiegersohn und mir nicht zum Begrüßungskuss, doch abgesehen davon war alles eitel Freude und Entzücken, wozu natürlich auch das vertrauliche „Du" gehörte. Meine Tochter zupfte mich am Arm. „Das ist der Taxifahrer", flüsterte sie und kämpfte gegen ihr Gekicher an.

Ich muss sagen, der junge Mann ließ mein Benehmen mit Würde über sich ergehen. Vielleicht dachte er, alle Fremden machten das so, wenn sie auf Bahnhöfen ankämen, und die Engländer seien in Wirklichkeit gar nicht so unterkühlt, sondern ein recht feuriger Menschenschlag.

Etwas kleinlaut geworden, wurde ich aus dem Bahnhof in eine Welt von Christbäumen geführt. Vor den meisten Häusern stand ein Baum mit elektrischer Beleuchtung, und in der Mitte der einzigen breiten Straße erhob sich eine riesengroße Tanne, eine wahre Pyramide festlichen Glanzes.

Ich hatte das Gefühl, in eine Weihnachtskarte hineinspaziert zu sein: glitzernder Schnee, alte Häuser mit steilen Dächern, und auch die völlige Windstille einer Weihnachtskarte herrschte hier. Seit 1909 hatte ich keine deutsche Weihnacht mehr erlebt, die letzte in einer ganzen Kette solcher Feste, und wenn man bedenkt, dass 1909 schon so lange zurückliegt und seither viele Dinge geschehen sind, war es eigenartig, wie sehr ich mich heimisch fühlte, wie vertraut mir alles erschien und wie leicht dies, wäre die richtige Reihenfolge eingehalten worden, Weihnachten 1910 hätte sein können.

Auf der Eingangsstufe des kleinen Hauses inmitten von verschneiten Feldern und umgeben von steil aufragenden Bergen stand, überströmend von Willkommensfreude, mein echter Schwiegersohn. Er war genauso gekleidet wie der Taxifahrer, mit kurzer Lederhose und einem bestickten Hemd. Wie also konnte man von jemandem erwarten zu wissen, wer wer war? Daher schaute ich ihn mir genau an, ehe ich diesmal zu Herzlichkeiten überging. „Wie reizend von dir", sagte ich, als ich mir ganz sicher war, „bei dieser Kälte aus dem Haus zu gehen!" Denn ich habe nicht viele deutsche Sätze auf Lager, und so muss einer mehrmals herhalten.

Nicht nur er kam mir auf der Eingangsstufe entgegen, sondern auch viele köstliche Düfte empfingen mich, sehr wohltuend für eine Hungrige, darunter solche von Lebkuchen, Leberwurst und Kraut, Gänsebraten und der ernstere

Geruch – ernster, weil er auch Beerdigungen begleitet und Grabstätten umgibt –, der Geruch des Tannenbaums, der fertiggeschmückt im Wohnzimmer stand. Es war der Abend vor Weihnachten, der Tag, den die Deutschen als Heiligen Abend feiern; und während ich im ersten Stock meine Sachen ablegte, wurden die Kerzen am Baum angezündet, sodass, als ich herunterkam, der ganze Haushalt, bestehend aus Vater, Mutter, Töchterchen, drei Dienstmädchen mit weißen Häubchen und weißen Baumwollhandschuhen sowie zwei Scotchterriern, in der Diele vor der verschlossenen Tür des geheimnisvollen Zimmers auf mich wartete. Zu den Klängen von *Stille Nacht, heilige Nacht* marschierten wir in der Reihenfolge unseres Alters hinein, wobei die Jüngste den Anfang machte und die Köchin hinter mir das Schlusslicht bildete. Da seit geraumer Zeit jedermann jünger zu sein scheint als ich, war ich richtig froh über die Köchin.

Ich wusste genau, was mich im Inneren des Zimmers erwarten würde, denn hatte ich nicht jahrelang selbst solche Räume mit ihren Bäumen und Geschenktischen vorbereitet? Da standen die Tische in der gewohnten Anordnung, für jeden einer, und auf ihnen stapelten sich hübsch eingewickelte Päckchen mit silbrigen Bändern, dekoriert mit Zyklamen- und Azaleentöpfen zwischendrin, und dort erhob sich der Baum mit der kleinen Krippe zu seinen Füßen, und Marzipanschafe scharten sich um die aus Schokolade bestehenden Heiligen Drei Könige.

Wir standen im Halbkreis, die Blicke fest auf den Baum gerichtet, damit sie ja nicht zu den Tischen schweiften, denn das hätte von schlechten Manieren gezeugt, und während wir, begleitet von den Klängen des Grammofons, eifrig *Stille Nacht* sangen, verspeisten die Scotchterrier, die keine Manieren hatten, vor unseren entsetzten Augen ein Marzipanschaf nach dem anderen, bis keines mehr übrig war. Wegen des Weihnachtsbrauchs konnten wir nichts tun, als steif dazustehen und zu singen. Tradition und Schicklichkeit ließen uns wie angewurzelt verharren. Glücklicherweise gab es nur zwei Strophen, sodass die Weisen aus dem Morgenland gerade noch rechtzeitig gerettet wurden, und ich dachte bei mir, nur Deutsche können so diszipliniert sein und sich, geschult durch viel Übung, den Anschein geben, in die heiligen Worte vertieft zu sein, während sie gewiss innerlich kochen.

Doch wegen des unmanierlichen Betragens der Scotchterrier verzögerte sich die Bescherung. Sie mussten zur Vernunft gebracht und aus dem Zimmer verbannt werden, ehe wir unsere Aufmerksamkeit den Geschenken zuwenden konnten. Die Hunde machten sich gar nichts daraus, dass sie in Ungnade gefallen waren. Die Schafe hatten sie ja sicher in ihren Bäuchen verwahrt, und ich hätte schwören können, dass sie lachten, als man sie hinausführte.

Etwas kleinlaut – nun schon zum zweiten Mal seit meiner Ankunft –, denn es schien betrüblich für die Familie, so viele Schafe zu verlieren, die man, wie ich wusste, meinetwegen erst diese Weihnachten neu angeschafft hatte und die mindestens an weiteren fünf Weihnachten unterm Christbaum hätten stehen sollen, begann ich, meine Päckchen auszuwickeln, und bald gerieten wir alle wieder in richtige Weihnachtsstimmung. Von jedem Tisch kamen Schreie der Begeisterung und Freude. Von jedem Tisch kam dauernd jemand gelaufen, um sich zu bedanken und einen zu umarmen, oder zu danken und einem die Hand zu küssen. Sogar die Köchin und ich, die *doyennes* der Feier, waren nahe daran, uns um den Hals zu fallen. Zum Glück musste sie sich schon bald in die Küche zurückziehen, um letzte Hand an die Gans anzulegen, sonst weiß ich nicht, ob wir uns schließlich nicht doch noch in den Armen gelegen hätten.

Durch zerrissenes Geschenkpapier und silbrige Bänder watend, begaben wir uns zu Tisch, tranken, hielten kleine Ansprachen und waren fröhlich. Nach dem Essen wateten wir wieder zurück und waren nicht mehr ganz so fröhlich, und nachdem wir Baumkuchen genascht und heißen Glühwein getrunken hatten, waren wir so gut wie überhaupt nicht mehr fröhlich, weil wir am liebsten schlafen gegangen wären, dies aber aus Gründen der Tradition und Schicklichkeit nicht tun konnten.

„Man kann sich eigentlich nicht vorstellen", sagte ich, indem ich mich von der Benommenheit zu befreien versuchte, die auf mir lastete, „dass dieses heutige Deutschland so gar nicht anders ist als das Deutschland, das ich kannte."

„Oh, aber es ist …", begann meine Tochter, um sofort von ihrem Ehemann mit einem schnellen „Sei vorsichtig –" unterbrochen zu werden, denn die Dienstmädchen waren ins Zimmer gekommen. Davon wurde ich sofort wieder hellwach. Sei vorsichtig … Aber wovor denn?

Etwas kleinlaut, nun zum dritten Mal, ließ ich mich in meinen Pelzmantel stecken und zur Mitternachtsmesse fahren. Eine glitzernde Nacht. Eine Nacht voll Frieden und Schönheit. Die Glocken der alten Kirche auf dem

Hügel läuteten, und Ströme von schwarzen Gestalten – Ströme, stellte ich mit Erstaunen fest – strebten im frommen Schweigen zu ihr hinauf! Drunten auf der Straße stand strahlend der riesige Christbaum. Auf jedem Grab im Friedhof brannte ein winzig kleiner, und alle zusammen erleuchteten den gesamten Ort mit Symbolen der Erinnerung und Liebe. Und drinnen in der Kirche, so dicht zusammengedrängt, dass wir kaum hindurchkamen, war eine Menschenmenge so andächtig versammelt, so auf den Gottesdienst konzentriert, so versunken in die Schönheit des Gesangs von (abermals) *Stille Nacht,* dass ich, die ich meine *Times* lese und weiß, was mit den Kirchen in Deutschland geschieht, meinen Augen nicht traute.

„Aber ...", begann ich, wie ich so am Arm meines Schwiegersohnes hing.

„Sei vorsichtig", flüsterte er schnell und umfasste meine Hand.

Sei vorsichtig. Schon wieder. Muss man hier also ständig auf der Hut sein? Und was hatte ich denn schließlich gesagt, außer „aber"?

Ich kann euch sagen, es weihnachtet sehr ...

von Erma Bombeck

Wenn ich das Haus weihnachtlich schmücken möchte, beschränkt sich das auf eine Lichterkette über der Haustür, Tannengirlanden um alles, was nur möglich ist, und ein paar kleinere Scheinwerfer auf schön geschmückte Christbäume – einer davon auf dem Rasen vor dem Haus.

Wenn mein Mann das Haus weihnachtlich schmücken will, ersetzt er eine Vierzigwattbirne durch eine Sechzigwattbirne und lässt es dabei bewenden.

„Du tust immer, als ob ich was gegen Weihnachten hätte", verteidigt er sich, „und dabei freut sich kein Mensch so sehr auf die Feiertage wie ich."

„Ja, wir wissen ja, wie es dir ans Herz greift, wenn sich vorm Haus die Wagen stauen und die vielen Kinder atemlos auf unser Haus zeigen und ausrufen: ‚Uiii, ist das aber eine schöne Sechzigwattbirne.'"

„Das Schlimme bei dir ist", gibt er zurück, „dass du immer übertreiben musst. Du wolltest doch alles möglichst schlicht. Und dann ruhst du nicht, bis ich mich im Schneesturm an Armen und Beinen übers Dach hangele, mit einer Kette Lämpchen zwischen den Zähnen, in denen irgendwo ein Kurzschluss steckt."

„Ich möchte jetzt nicht darüber reden. In solchen Dingen bist du humorlos geworden, seit deine Studentenversicherung verfallen ist. Dafür können doch die Kinder weiß Gott nichts!"

„Wir wollen doch sachlich bleiben. Wohin also willst du die elektrischen Birnen haben?"

„Ich möchte sie über die kahlen Zweige des Baumes im Vorgarten drapiert sehen."

„Na, hoffentlich sind sie wetterfest. Weißt du noch, wie du damals all die silbernen Vögel an den Zweigen aufgebaumelt hast? Nie im Leben vergess ich, wie ich vom Frühstück hochschaue und die Kerle verlieren alle Federn. Grässlich sah es aus, als ob ihnen das Gedärm raushinge."

„Das hast du mir schon tausendmal erzählt. Diese Birnen sind wasserbeständig."

„Plunder, nichts als Plunder", murmelt er und wühlt in der Schachtel. „Blöd werd ich sein und mich vor den Nachbarn blamieren, wenn ich draußen im Schnee stehe und dieses Dreckszeug an den Baum hänge."

„Okay, okay, ich mach's schon selbst!"

„Hast du überhaupt eine Leiter?"

„Brauch ich nicht. Ich stell mir einen Barhocker auf die Kohlenkiste."

„Ich hab's gewusst", sagt er, „du erträgst es nicht, dass ich gemütlich hier drin sitze, wenn es draußen kalt und unwirtlich ist. Du musst mich in deine Disneyland-Extravaganzen einspannen. Also meinetwegen, aber dann machen wir bitte Nägel mit Köpfen. Als Erstes entwerfe ich eine Skizze vom Baum und wir berechnen mathematisch, wie viele blaue, goldene und rote Birnen wir brauchen, damit es nach was aussieht."

„Du machst mal wieder alles kaputt", jammere ich,

„mit deiner ewigen Planerei. Hat dir eigentlich schon jemand gesagt, dass du so hinreißend kreativ bist wie ein hundertjähriger Karpfen!"

„Ich weiß was", ruft er aus und springt vom Stuhl. „Dieses Jahr machen wir mal alles ganz schlicht. Ich schraube eine Sechzigwattbirne in die Deckenleuchte auf der Veranda, und dort stellen wir uns alle auf und singen ‚O du fröhliche'! Ich möchte wetten, dass ich in dieser Familie der Einzige bin, der alle drei Strophen auswendig kann …"

Der Mantel

von Dorothee Dziewas

Ein kalter Wind wehte, als Pfarrer Gotthard von der Gemeinderatssitzung nach Hause ging. Er hatte den Kragen seines Mantels hochgeschlagen und hielt den Kopf gesenkt. Vor dem Pfarrhaus angekommen, blieb er trotz der empfindlichen Kälte kurz stehen, um einen Blick auf die Krippenszene zu werfen, die die Gemeinde vor der Kirche errichtet hatte. In den vergangenen Wochen waren die Arbeiten daran auf Hochtouren gelaufen, und nachdem die eifrigen Helfer seiner Gemeinde an diesem Abend letzte Hand an das Kunstwerk gelegt hatten, würden die fertigen Krippenfiguren morgen, am ersten Advent, endlich den Kirchenvorplatz schmücken. Das ehrgeizige Projekt des Pfarrers war es in diesem Jahr gewesen, lebensgroße Figuren für die Krippe anzufertigen. Sie sollten die Passanten besonders eindrücklich auf das Weihnachtsgeschehen hinweisen und der kleinen, eher unscheinbaren Kirche zugleich ein wenig zusätzliche Aufmerksamkeit bescheren.

Und eindrucksvoll war sie in der Tat geworden, die Krippe. Aus Holz geschnitzte Köpfe – hier gebührte dem ortsansässigen Schreiner Berger Dank – zierten die Gestalten der Heiligen Familie, der Hirten und Weisen, und die Frauengruppe hatte Kleider aus dicken, schweren Stoffen genäht, unter denen die aus Metallgestellen gefertigten Körper geschickt verborgen waren. Um das

Jesuskind gruppierten sich unter dem Dach des Stalls darüber hinaus einige Schafe aus Pappmaschee und Wolle.

Besonders stolz war Pfarrer Gotthard auf die bunt gemusterten, wahrlich königlich wirkenden Gewänder der Weisen. Da die Weisen aus dem Morgenland erst auf dem Weg zur Krippe waren und, ein Stück vom schützenden Dach entfernt, dem nasskalten norddeutschen Wetter trotzen mussten, hatte Gotthard die Idee gehabt, Zeltplanen mit wasserfesten Farben mit einfallsreichen Mustern zu bemalen. Und die Arbeit hatte sich gelohnt: Stattlich sahen die drei Figuren aus mit ihren orientalisch anmutenden Umhängen.

Mit einem Mal stutzte der Geistliche. Dort, wo drei farbenfrohe Gewänder hätten sein sollen, sah er nur zwei. Einer der Heiligen Drei Könige, dessen Kopf aus dunkel gebeiztem Akazienholz gefertigt war, zeigte statt seines wasserabweisenden Kleides ein nacktes und ziemlich unansehnliches Gestell aus Zaundraht und Eisenstangen.

Ratlos kratzte Pfarrer Gotthard sich am Kopf. Ob die Nachbarskinder ihm einen Streich gespielt hatten? Vielleicht hatte auch jemand vom Aufbauteam das Kleidungsstück mitgenommen, um noch irgendeine Änderung daran vorzunehmen. Wie auch immer, jetzt war es zu spät, um Nachforschungen anzustellen. Der Geistliche seufzte. Bis morgen würde er sich etwas einfallen lassen müssen, wie er das metallene Innenleben des dunkelhäutigen Weisen verhüllen konnte, bis der Mantel wieder gefunden war. Kopfschüttelnd schloss er die Tür zum Pfarrhaus auf.

Am nächsten Morgen stand der Pfarrer sehr früh auf. Schon vor dem Frühstück holte er die Leiter aus dem Keller. Wenn er sich beeilte, würde seine Frau vielleicht gar nichts von seinem Plan mitbekommen. Falls doch, würde sie ihre Wohnzimmervorhänge mit Händen und Füßen verteidigen. Aber, so beschloss Gotthard, in der Not musste man auch einmal Opfer bringen, und da es an diesem Tag nicht regnete, dürfte die schwere Brokatgardine eigentlich keinen Schaden nehmen. Und der morgenländische Gast auf dem Weg zur Krippe musste schließlich standesgemäß gekleidet sein.

Mit dem Vorhangschal überm Arm trat der Pfarrer aus dem Haus und eilte zur Krippe, die noch im Dunkeln lag. Doch gleich darauf blieb er verdutzt stehen. Vor ihm standen die drei Heiligen Könige, vollständig bekleidet mit ihren bunt bemalten Gewändern. Einen Augenblick lang fragte Pfarrer Gotthard sich, ob er den entblößten Weisen nur geträumt hatte, aber dann schüttelte er den Kopf. Nein, er war zwar manchmal zerstreut, aber das hatte er sich bestimmt nicht eingebildet. Nun, was auch immer der Grund für das Verschwinden des Kleidungsstückes gewesen war, nun war es wieder da. Froh darüber, dass er der Auseinandersetzung mit seiner Frau entgangen war, lief er schnell ins Haus zurück.

Die Krippe war ein voller Erfolg. Nicht nur die Gottesdienstbesucher lobten das Kunstwerk und den Pfarrer, sondern im Laufe des Tages blieben auch viele Passanten stehen und bewunderten die aufwendig und liebevoll gestalteten Figuren. Zufrieden machte Pfarrer Gotthard am späten Abend noch einmal die Runde durch Kirche und Hof, um nach dem Rechten zu sehen. Doch als sein Blick zu den drei Weisen wanderte, traute er seinen Augen kaum: Der Mantel war erneut verschwunden!

An diesem Abend lag der Geistliche noch lange wach, nachdem er das Licht seiner Nachttischlampe gelöscht hatte.

So sehr er auch hin und her überlegte, er fand einfach keine Erklärung für die merkwürdigen Geschehnisse. Anrufe beim Küster, bei der Leiterin der Frauengruppe und beim Kindergarten nebenan hatten keinerlei Ergebnisse gebracht.

Der folgende Tag begann sonnig und kalt. Als Pfarrer Gotthard zum Fenster des ehelichen Schlafzimmers hinaus auf den Kirchhof blickte, sah er gleich, dass der Umhang des Weisen auf ebenso mysteriöse Weise wieder aufgetaucht war wie am Tag zuvor. Hatte er am Abend noch überlegt, die Polizei einzuschalten, erschien ihm dieser Gedanke bei Licht betrachtet doch etwas übertrieben. Solange die Krippenszene am Tag in ihrer ganzen Schönheit zu bewundern war, gab es ja eigentlich keinen Grund, rechtliche Schritte zu ergreifen – abgesehen davon, dass es schwierig sein würde, die Hüter des Gesetzes von einem nächtlichen Diebstahl zu überzeugen, für den es am Morgen keinerlei Beweis mehr gab. Stattdessen beschloss Pfarrer Gotthard also, der Sache selbst auf den Grund zu gehen.

Bewaffnet mit seinem warmen Mantel, einer Taschenlampe und einer Thermoskanne voll heißem Tee legte der Geistliche sich an diesem Abend hinter einem Rhododendronbusch auf die Lauer. Und er musste auch gar nicht lange warten. Kaum waren in der nahe gelegenen Fußgängerzone die Straßenlaternen ausgegangen, sah der Pfarrer auch schon eine männliche Gestalt, die sich aus dem Schatten der Kirche löste und sich langsam der Krippe näherte. Der Fremde schien um die fünfzig zu sein und trug eine leere Tüte bei sich. Mit angehaltenem Atem wartete Gotthard, bis der Mann am Stall vorbei zu den Heiligen Drei Königen geschlichen war. In dem Moment, als der Fremde die bemalte Zeltplane von dem Drahtgestell hob, sprang der Pfarrer hinter seinem Busch hervor und leuchtete dem Dieb mit der Taschenlampe direkt ins Gesicht.

„Halt! Was machen Sie da? Das ist Eigentum der Kirche!"

Der auf frischer Tat Ertappte zuckte zusammen und blinzelte ins Licht der kirchlichen Stablampe. Seiner Miene nach zu urteilen war er nicht sicher, ob er die Hände hochheben oder lieber herunternehmen sollte. Geblendet, wie er war, konnte er offensichtlich nicht erkennen, ob von seinem Gegenüber irgendeine Gefahr drohte. Als der Dieb keine Anstalten machte, zu fliehen oder gar gewalttätig zu werden, ließ der Geistliche die Lampe ein wenig sinken.

„Wer sind Sie?"

Der Fremde senkte den Blick. „Entschuldigen Sie bitte, Herr Pfarrer, ich wollte nichts Verbotenes tun."

„Und warum haben Sie dann diesen Mantel gestohlen? Ich nehme doch an, dass Sie auch gestern und vorgestern Nacht hier waren, oder?"

Der Fremde stritt es nicht ab. Stattdessen zerknüllte er die Plastiktüte in seinen Händen und schwieg.

„Also, nun antworten Sie, Mann! Wer sind Sie und wieso vergreifen Sie sich am Eigentum anderer?"

Schließlich hob der Mann den Blick und sagte leise: „Ich habe vor Kurzem meine Wohnung verloren und jetzt schlafe ich auf einem der Lüftungsschächte beim Kaufhaus drüben. Da ist es nicht so kalt. Aber ich habe keinen Schutz vor Regen oder Wind. Da war diese Zeltplane wie ein Geschenk." Er schwieg einen Moment lang und fügte dann noch leiser hinzu: „Bitte zeigen Sie mich nicht an, Herr Pfarrer. Es tut mir wirklich leid."

Pfarrer Gotthard zögerte nur ein paar Sekunden. Dann trat er einen Schritt auf den Fremden zu und streckte ihm die Hand entgegen. „Ich bin es, der um Verzeihung bitten muss. Ich hatte nur mein Ansehen und das unserer Kirche im Sinn. Die größte und schönste Krippe von allen wollte ich haben. Und dabei habe ich ganz vergessen, worum es eigentlich an Weihnachten geht. Ich war zu sehr mit mir selbst beschäftigt, um zu sehen, dass gleich um die Ecke jemand lebt, der wie Christus damals nicht einmal ein Dach überm Kopf hat. Wissen Sie was? Jetzt kommen Sie erst einmal mit ins Pfarrhaus und essen etwas mit meiner Frau und mir. Und dann finden wir bestimmt ein Plätzchen für Sie, an dem Sie von Wind und Wetter unbehelligt schlafen können."

Mit diesen Worten zog Pfarrer Gotthard seinen Gast in Richtung Haus. Als er die Tür aufschloss, blickte er noch einmal zu der Krippenszene hinüber und sah, wie aus dem Obergeschoss des Hauses Licht auf den hölzernen

Stern oben auf dem Dach des Stalles fiel. „Herr, du bist doch immer wieder für eine Erleuchtung gut", murmelte er und lächelte.

Die Idee zu dieser Geschichte beruht auf folgender EPD-Meldung vom 16.12.2007:

Einen der drei heiligen Könige haben Mitarbeiter eines Wachdienstes am Sonntagmorgen auf dem Lüftungsgitter eines Essener Kaufhauses entdeckt. Bei näherem Hinsehen habe sich herausgestellt, dass ein Obdachloser sich die Königsgewänder von einer Figur der Krippe auf dem Kardinal-Hengsbach-Platz für die Nacht ausgeliehen hatte, um sich vor der Kälte zu schützen, teilte die Essener Polizei am Sonntag mit. Nach Feststellen seiner Identität auf der Wache habe man den Mann wieder gehen lassen.

Unter Hirten

von Eva Schwimmer

Dann und wann denke ich an Philip, den Schafhirten. Er fällt mir einfach ein. In der U-Bahn, in einem Kaffeehaus, auf einer Gesellschaft muss ich plötzlich an ihn denken.

Philip ist ein ganz alter Mann, fern von Verlockungen und Abenteuer. Er versteht seinen Beruf. Er weiß seine Herde zu hüten und macht eine ordentliche Schur. Ich habe gesehen, wie er das gebrochene Bein eines jungen Bockes schiente. Er kann das ausgezeichnet. Jeden Sommer besuche ich den Alten.

Ich fahre dann vor Tagesanbruch mit einem Melker auf die Weiden. Ein Wind weht vom Meer. Wacholderbüsche, Lehm, stehende Wasserlachen und dann wieder Sand, der über die Speichen unseres Gefährtes rieselt. Am Wegrand wuchert Beifuß. Sein harter Duft lässt ihn nur ahnen, denn noch ist die Welt ganz im Dämmern, ohne jede Wirklichkeit.

Endlich, an einem Weidegatter steht Philip und öffnet uns das Tor. In den Hürden liegen Rinder und Ziegen in ruhiger Einfalt. Nur Philips Schafe stehen abseits, eine starre Schar, von jedem Fremden beunruhigt. Einst lebten Schafe mutig in kreatürlicher Selbstständigkeit. Der Umgang mit den Menschen hat sie feige gemacht. Aber Philip versteht jede Angst hier zu bannen. Seine Herde soll teilhaben an der Gelassenheit des Morgens.

Der Alte ist ein Sänger, ein Künstler. Er legt seinen Kopf

in den Nacken, und sein monotoner Singsang beruhigt die Tiere:

„Trug der sanfte Johannes im lavendelfarbenen Kleide ein Lamm. / Hing der Leib des ärmsten Menschen im schwarzen Winde an einem Kreuze. / Ach, du armes Lamm im Kleide des Johannes. / Wie du zitterst um deinen toten Bruder."

Als ich hinüberblicke, fressen die Schafe. Philip macht ein Feuer zwischen Feldsteinen. Er brät Möweneier in einer Pfanne und reicht mir Schwarzbrot dazu. Er holt einen Napf Ziegenmilch. Wir trinken gemeinsam davon und lassen auch dem Hunde seinen Teil.

Alles geschieht hier in Nüchternheit und mit einer natürlichen Trägheit. Bald wird die Erde erwärmt von der aufsteigenden Sonne. Später brennt sie auf den Pelzen der Schafe. Ein ätzender Geruch steigt von ihnen auf. Kraftvoll spiegelt sich der Himmel in der Tränke. Wege, Weiden und die entfernten Felder fließen sanft zusammen in der matten Farbigkeit eines abgenutzten Teppichs. Die Welt ist schön. Atmen, Gehen, Schweigen. Arme Schafe, kluge Schafe, dumme Schafe. Sonne und Nächte. Ferne Städte, Straßenecken. Mann und Frau. Einsamkeit und Überdruss. Philips Lied, das irgendwo aufgeschrieben steht, ein Gesang ohne Ehrgeiz, dem nur die Tiere lauschen. Angst der Schafe, Angst der Menschen.

Vor mir steigt ein Rebhuhnvolk auf. Ein verdammt gutes Essen. Besser als Ziegenmilch und Schwarzbrot. Wenn ich hier einen Schuss abgäbe, würden die Schafe alle davonlaufen. Philip könnte lange singen, bis sie wieder fressen würden.

Als ich zurückkomme, sitzt ein fremder Mann bei dem Alten. Er ist auch ein Hirt, und sie schwatzen von ihren Tieren. Mein Freund ist nicht müßig. Er webt in einem kleinen Rahmen mit bunten Wollfäden. Ich nehme ihm die Arbeit aus der Hand. Sie gleicht einem abstrakten Bilde. Und was weiß Philip schon von Miro oder Klee. Der Alte erklärt mit großer Umständlichkeit. Er zeigt mit dem Finger hierhin und dorthin. Ich erkenne eine violette Figur auf grauem Grunde. Mattblaue Formen sind die lagernden Schafe.

„Sehen Sie", sagt der Fremde, „es ist der Jünger Johannes. Er isst gerade ein Kotelett, weil Sonntag ist."

„Nicht so, du Narr", antwortet Philip böse, „der heilige Johannes spielt auf der Mundharmonika, weil seine Herde Furcht hat."

Ich gebe dem Alten den Rahmen zurück. „Ich möchte dein Bild haben, wenn es fertig ist, weil ich es schön finde!"

Und der Alte strahlt. Der fremde Hirt verlässt uns. Philip steckt seine Handarbeit in den Sack und legt ihn beiseite. Er nimmt Brot und Speck aus einem Korbe und bewirtet mich.

„Wie geht es dir?", fragt er und sieht zu mir hin.

„Ach, lass mich! Hier ist alles richtig. Du lebst in einer guten Welt."

Ich ziehe meine Schuhe aus, weil sie mich drücken, und hole mir vom Teich eine Weidenrute. Ich versuche eine Flöte zu schnitzen, wie wir es als Kinder taten. Es gelingt mir aber nicht, und es ist auch nicht wichtig.

Du darfst vom Leben nichts verlangen. Dann wird sich alles klären. Du musst in dir eine Ordnung finden, wie dieser Alte sie hat. Er kennt weder Reichtum noch Müßiggang. Und das Vertrauen zum Leben liegt bei ihm im Hause wie das tägliche Brot.

Ich sehe über die Weiden. Die Tiere grasen. Des Friedens ist kein Ende. Ich fühle die Kraft in der Ruhe des Tages. Das Gleichmaß in der Natur schafft ein Wohlbefinden. Der Morgen wird wie das Gestern sein, bis in alle Ewigkeit.

Philip macht sich bei den Schafen zu schaffen. Er schenkt den Tieren seine Aufmerksamkeit, beobachtet ihr Gehabe und findet ihre Verletzungen. Ein Dorn wird entfernt. Ein heilkräftiges Kraut aufgelegt. Nur die Gleichgültigkeit schafft den Missklang in der Welt und zerstört. Philip hat das Gleichgewicht der Weisen. Die Unschuld hat ihn zum König seines Reiches gemacht. Ich denke an die Wirrnis der Großstadt, an den Lärm, der uns tötet. An die Würdelosigkeit der ewig Hastenden, das Aussterben aller Gefühle, der Liebe, der Redlichkeit. Ich schmecke die Widrigkeit des Ehrgeizes auf der Zunge und fühle den Stachel der Missgunst und des Neides unter den Menschen. Das Netz der Intrigen ist dichter als das der Spinnen zwischen den Wacholderbüschen. Und die Erbärmlichkeit trägt die Maske des Hochmuts. Die Städte füllen sich mit Gehetzten, Geplagten. Wer singt ihnen ein Lied zur Stille und Ordnung wie der alte Philip seinen Schafen?

Hier auf der Weide geht der Tag gelassen in den Abend über. Selbst die Dämmerung ist kraftvoll. Die Farben werden leuchtend. Das Gelb des Labkrautes und der blaue Stern der Wegwarte strahlen. Die Nacht ist nahe. Allenthalben werden die Herden zu den Höfen getrieben. Die Rufe der Hirten sind wichtig in der Welt.

Weihnachten – einmal ganz anders

von Dorothee Evers

Langsam legte ich den Hörer auf, nicht wie sonst – hastig, geschäftig. Nein, ganz vorsichtig, verhalten.

Hatte ich mir nicht vorgenommen, eine emanzipierte Mutter sein zu wollen, die nie den Kindern das Herz schwer machen wollte, wenn sie eines Tages mal kurzfristig absagen oder nichts von sich hören lassen würden? Und nun dies: Jan würde an Weihnachten Dienst auf seiner Zivildienststelle haben. „Tut mir leid, Mama, es geht nicht anders." Weihnachten ohne Jan, wir – Vater Jürgen, Mutter Dorothee und Sohn Kristian – nur zu dritt. Dabei hatte ich mich doch so gefreut!

Minuten saß ich am Telefon, guckte ins Leere und knipste mit den Fingernägeln, wie ich das immer tue, wenn ich nervös und ratlos bin. Da schreckte mich erneut das Telefon aus meinen Gedanken. „Ich bin's noch mal, Mama, ich hab *die* Idee. Kommt doch Weihnachten zu mir. Heiligabend habe ich nur Bereitschaft, wir könnten toll zusammen feiern."

„Ja, aber ... wer? ... Was essen wir? ..."

„Ach, Mama, warum überlässt du das alles nicht mal mir? Ich überleg mir schon was! Also abgemacht, diesmal gibt's 'nen alternativen Holy Eve!"

Wie hab ich immer unser traditionelles Weihnachten gegen alle Miesmacherei und Vermarktung verteidigt. Einmal hatte ich dem Christbaum ersparen können, ein

Protestbaum zu werden. Jan wollte ihn mit Müll behängen, mit leeren Joghurtbechern, Spray- und sonstigen Dosen. In letzter Minute hatte sich doch der vertraute Christbaumschmuck durchsetzen können. Was für Überraschungen wird er diesmal parat haben?

Der Rest der Familie war von Jans Vorschlag begeistert und – langsam fing auch ich an, zu genießen, dass mir diesmal die Überlegungen, Einkaufslisten und Hetzereien erspart bleiben würden.

Und da war auch schon Heiligabend! Wir setzten uns am frühen Nachmittag ins Auto und kamen an der Schlosskirche vorbei, wo schon die ersten Kirchgänger mit kleinen Kindern in die Christvesper eilten. Wir dagegen hatten noch dreihundert Kilometer zu fahren.

Doch die leere Autobahn, die blasse Nachmittagssonne, fast schon dem Mond gleichend, die ganz langsam hereinbrechende Dunkelheit, die Musik und die Weihnachtsgeschichten im Radio ließen uns immer ruhiger werden. Es war fast eine andächtige Stille um uns herum. Das Auto war zum Refugium geworden, das uns eng zusammenhielt. Wir erinnerten uns an lustige Episoden vergangener Heiligabende.

„Wisst ihr noch, wie wir das Petroleum fürs Fondue vergessen hatten? Oder damals, als wir noch keinen Gefrierschrank hatten und am Vierundzwanzigsten nachmittags erst daran dachten, das Ragout fin für die Pastetchen aus Nachbars Truhe zu holen?"

In Bergisch-Gladbach in „Klein-Manhattan" angekommen – so nennt man den weit sichtbaren Hochhauskomplex –, packten wir unsere Sachen aus und fuhren mit dem Fahrstuhl in den fünften Stock. Die Tür öffnete sich und da standen Jan und Ulrich, sein Freund und Wohngefährte, in festlicher Flohmarkt-Kleidung mit brennender Kerze in der Hand.

„Frohe Weihnachten. Schön, dass ihr da seid!"

Diesmal war ich's, die zum staunenden Kinde wurde, als wir das Weihnachtszimmer betraten. Der Christbaum hätte zwar keine Schönheitskonkurrenz gewonnen, doch vielleicht einen Preis für Originalität. Er baumelte an der Decke in Ermangelung eines Christbaumständers, war schlicht nur mit weißen Kerzen geschmückt, die sich im Fenster widerspiegelten.

„Das war einer der letzten heute! Keiner wollte ihn haben."

„Er sollte auch mal Weihnachten erleben", meinte Ulrich. Das Licht der Kerzen beleuchtete eine festlich gedeckte Tafel – improvisiert aus einem selbst gebauten Billardtisch. Er war für sechs gedeckt. Wieso sechs, wir waren doch nur fünf? „Da kommt gleich noch Harald, ein Freund von uns. Der hat niemanden, wo er hingehen könnte, drum haben wir ihn eingeladen." Schon klingelte es und mit Harald waren wir nun komplett ... meinten wir.

Jan eilte indessen in die Küche und hatte – wie ich neugierig erspähte – auch alle Hände voll zu tun. Eine Gans mit köstlicher Füllung (wie wir später erfuhren) briet duftend im Backofen.

„Die durfte ich mir beim Bauern auf dem Hof selbst aussuchen", meinte Jan.

Während der Hausmann in der Küche wirtschaftete, tat sich mir *noch* ein Spektakel auf. Ich schaute auf die vielen, vielen erleuchteten Fenster der im Rondell angelegten Hochhäuser. Ein wahrer Kontrast zu dem Blick über die friesische Weite, den wir zu Hause hatten. Hinter den Fenstern brannten elektrische Kerzen, kurzzeitig konnte man Silhouetten vorbeihuschen sehen. Unten kamen Autos an mit Besuchern oder heimkommenden Kirchgängern, andere fuhren bepackt davon.

Jan rief zum Essen!

Es war ein echtes Weihnachtsfestmahl, das Jan uns servierte. Dazu gab's lebhafte Gespräche, bereichert durch Harald, der uns von sich erzählte.

Wir waren noch beim Kaffee, als es klingelte. Der Nächste kam, es war Jochen, der auch nicht so recht wusste, wohin. Kurz darauf gesellten sich Ulrichs Eltern, unsere Oma und meine Schwester mit Familie zu uns. Und dann kamen all die anderen, die es nicht mehr länger zu Hause ausgehalten hatten. Hennagefärbte, wasserstoffblonde, modisch gestylte Mädchen, junge Männer in fantasievoller Kleidung und verrückten, gegelten Frisuren. Alle hatten eins gemeinsam: die Suche nach einer anderen Weihnacht. Drei Generationen saßen plötzlich zusammen, einer übertönte den anderen. Die Musik passte sich der Mehrzahl der Gäste an, zugegeben, nicht so weihnachtlich, wie wir es gewohnt waren. Laut und fröhlich ging's zu. So wie wir Nordeuropäer uns eine südliche Weihnacht vorstellen.

Um drei Uhr nachts holte uns ein Taxi ab und brachte uns zur Wohnung meiner Mutter. Wir waren noch gar nicht müde. Hatten wir sonst nicht mit Mühe die Christmette geschafft?

Christmette, ach ja, an die hatten wir überhaupt nicht mehr gedacht. Hatten wir die nicht schon ganz für uns alleine gehabt? Auf der Fahrt und eigentlich noch eine ganze Zeit danach?!!

Josef steigt aus

von Albrecht Gralle

Es war 1978, ein paar Tage nach Weihnachten. Mitteleuropa wurde von einer Schneekatastrophe heimgesucht, wie ich sie vorher noch nie erlebt hatte. Es hörte einfach nicht auf zu schneien. Trotz Sand- und Salzstreukommandos blieb die Autobahn unter einer weißen Decke versteckt. In den Städten sah man liegen gebliebene Autos, von denen zum Teil nur noch die Dächer oder die Antennen herausragten. Dicke, schwarze Äste lagen auf den Gehwegen, von der Last der Schneemassen abgebrochen.

Ich war mit dem Zug unterwegs nach Hamburg und wollte um sechs Uhr zu Hause sein, weil meine Frau und ich bei Freunden eingeladen waren.

Damals gab es noch D-Züge, und ich weiß nicht, ob das, was ich damals erlebte, heute möglich wäre bei all den vielen Sicherheitsvorkehrungen.

Ich saß in einem vollen Sechserabteil direkt neben der Schiebetür und las den ersten Band aus dem Fantasyroman „Der Herr der Ringe" von J. R. R. Tolkien. Mein Bruder hatte mir die Bücher empfohlen, und ich wollte nun endlich selbst wissen, was an dem Tolkienfieber dran war, das gerade Deutschland heimsuchte und das die älteren Buchhändler mit ihren Goldrandbrillen kopfschüttelnd und verständnislos kommentierten.

Was ich gerade las, fand ich trotz der Warnungen der Buchhändler spannend und aufregend, aber es war eine

Spannung, die sich nicht nach atemloser Thrilleratmosphäre anfühlte, sondern nach langsam wachsender Abenteuerfreude.

Ich wurde mit hineingenommen in eine lange, beschwerliche Reise, und die Gestalten und ihre Erlebnisse wuchsen mir ans Herz.

Deshalb konnte ich auch das Buch gelegentlich sinken lassen und nach draußen blicken in die winterliche, sibirisch anmutende Schneelandschaft, ohne dass deswegen das Buch langweilig gewesen wäre. Es fesselte meine Aufmerksamkeit, aber gab mir gleichzeitig die Freiheit, meinen eigenen Gedanken nachzuhängen.

Zufällig ähnelten die vorbeifliegende Landschaft und die Winteratmosphäre den Beschreibungen, die im Buch vorkamen, und es berührte mich eigenartig, wenn ich von meiner Lektüre aufblickte und draußen die Stimmung wiederfand, die beim Lesen gerade beschrieben wurde. Es war, als ob es einen geheimen Zusammenhang zwischen Buch und Wetter draußen gäbe. Frodo und seine Gefährten wanderten nämlich gerade an der Westflanke des Nebelgebirges entlang und wurden von einem gewaltigen Schneesturm überrascht.

Sie gingen weiter, las ich, *aber es dauerte nicht lange, da schneite es heftig, die ganze Luft war voll Schnee, der Frodo in die Augen wirbelte. Die dunklen, gebeugten Gestalten von Gandalf und Aragorn, die nur ein oder zwei Schritte vor ihm gingen, waren kaum zu sehen.*

Als ich mich von meinem Buch löste und nach draußen blickte, sah ich eine weißgraue Masse, durchschnitten von Telegrafendrähten und aufgelockert von dem schwarzen, filigranen Astgewirr einzelner Bäume. Es war, als würde eine unsichtbare Schneekanone lautlos in die Gegend schießen. Die wenigen Häuser und Wälder, die vorbeiflogen, wurden neblig verwischt, als befände man sich mitten in einem Aquarellgemälde oder kurz vor den Ausläufern des Nebelgebirges. Nur der Zug bewegte sich wie durch eine warme, trockene Röhre.

„Das gefällt mir ganz und gar nicht", keuchte Sam. „Schnee ist gut an einem schönen Morgen, aber ich liege gern im Bett, wenn er fällt."

Gandalf blieb stehen. Der Schnee lag dick auf seiner Kapuze und seinen Schultern; er reichte schon knöchelhoch an seine Stiefel.

„Das habe ich befürchtet", sagte er ...

Mit einem Ruck wurde unsere Abteiltür geöffnet und ich wurde unsanft aus meiner Lektüre gerissen. Eine junge Frau beugte sich zu uns herein und fragte: „Kann mir jemand mit dem Kinderwagen beim Aussteigen helfen?"

Ich hatte gar nicht bemerkt, dass der Zug gehalten hatte. Da ich direkt neben der Tür saß und mich die ältere Dame gegenüber fragend anblickte, stand ich mit einem unhörbaren Seufzen auf, legte mein Buch umgekehrt auf die Gepäckablage und folgte der jungen Mutter.

„Ich hab die Tür schon geöffnet", rief sie aufgeregt, „wenn Sie kurz nach draußen steigen, dann reiche ich Ihnen den Kinderwagen hinunter."

„Gut", sagte ich und kletterte nach draußen. Da ich keinen Mantel angezogen hatte, wurde ich von dem Schneewind empfangen, der an meinem Pullover zerrte. Meine

Zeit, dachte ich, man versinkt ja auf dem Bahnsteig richtig im Schnee. Flüchtig las ich das Ortsschild: „Celle."

Ich drehte mich um und packte den Kinderwagen mitsamt Kind, den mir die Mutter herunterreichte.

Gerade hatte ich ihn auf den Boden gestellt und wollte wieder in den warmen Zug klettern, da fielen die Türen mit lautem Krachen ins Schloss und die Räder setzten sich in Bewegung. Hinter dem Fensterglas sah ich das fassungslose Gesicht der Mutter, die mich mit weit aufgerissenen Augen anstarrte, etwas Unhörbares sagte und langsam davonfuhr.

Neben mir fing das Kind zu schreien an.

Ich traute meinen Augen nicht. Eben noch hatte ich warm und gemütlich in meinem Zugabteil gesessen und von Hobbits gelesen, die sich durch einen Schneesturm quälten, und jetzt, nur fünf Minuten später, stand ich ohne Mantel im tiefen Schnee auf dem Bahnsteig, der Wind fegte durch meinen Pullover und neben mir schrie ein Kind, das ich gar nicht kannte. Ob Lesen in Wirklichkeit doch gefährlicher war, als ich dachte?

Ich schickte ein Stoßgebet zum Himmel und hoffte, dass es seinen Weg durch die Schneewolken finden würde.

„Hallo!", hörte ich eine ärgerliche Männerstimme. „Gehen Sie sofort von den Schienen runter! Was machen Sie denn hier?" Das war offensichtlich der Bahnhofsvorsteher.

Und jetzt dämmerte mir, warum das alles passiert war. Die aufgeregte Mutter hatte versehentlich die Tür auf der falschen Seite des Zuges aufgemacht, weil der Schnee alle

Konturen verwischt hatte. Deshalb wurde unser Aussteigen gar nicht wahrgenommen, und der Zug war ohne Warnung losgefahren. Ich stellte mir vor, was bei der Durchfahrt eines Gegenzugs passiert wäre.

Schnell griff ich Kinderwagen und schreiendes Kind und kletterte über die Schienen auf den Bahnsteig, nahm das Kind heraus, dessen Gesicht vom Schreien und der Kälte rot war, und versuchte dem ärgerlichen Bahnbeamten meine Lage zu erklären. Er schüttelte nur den Kopf, wurde aber einsichtiger und brachte uns in den warmen Aufenthaltsraum. Immer noch schrie das Kind zum Herzerweichen. Es hatte wohl gemerkt, dass die bekannte Stimme der Mutter fehlte.

Zum Glück waren mir Kleinkinder nicht fremd. Ich hatte damals selbst einen zweijährigen Jungen zu Hause und war geübt im Tragen und Beruhigen von Kindern. Aber Wut und Ärger über die Mutter stiegen in mir hoch. Ich war sowieso schon spät dran und unsere Abendeinladung, die wir nach langen und mühevollen Terminabsprachen zustande gebracht hatten, musste wahrscheinlich verschoben werden.

Um diese Zeit war auf dem Bahnhof kaum Betrieb, nur zwei Jugendliche saßen mit mir im Raum. Vermutlich hatten die Leute keine Lust, bei diesem Wetter zu reisen.

Ich wiegte das Kind hin und her und schaute nach draußen in den Schnee, der alle Kanten und Ecken der Landschaft eingeebnet und abgerundet hatte und immer noch seine Massen in die Gegend schleuderte und gegen unser Fenster warf.

Plötzlich öffnete sich die Tür, der Beamte kam herein,

klopfte den Schnee von seinem Mantel und blickte uns in einer Mischung von Mitleid und Hoffnung an.

„So", sagte er, „wir machen jetzt Folgendes: Ich habe eben mit dem Zugführer über Funk telefoniert und ihm die Sache geschildert. Er wird veranlassen, dass die Mutter mit Ihrem Gepäck", er deutete auf mich, „in Uelzen, an der nächsten Station, aussteigt. Sie fahren mit dem ersten Zug weiter, und in Uelzen bekommen Sie von der Mutter Ihr Gepäck und sie bekommt von Ihnen ihr Kind." Er lachte. „Also so eine Art Austausch."

Ich nickte. Eine gute Lösung war das, ohne viel Aufwand. „Wann fährt denn der nächste Zug?"

„In einer Dreiviertelstunde."

Ich seufzte. Eine Dreiviertelstunde lang musste ich also das Kind noch beruhigen, das jetzt immerhin nicht mehr schrie. Dafür entdeckte ich jedoch, dass es eine schwere Erkältung haben musste, denn es hustete zwischendurch, und aus der Nase lief eine grüngelbe Soße.

Wieder stieg Zorn gegen diese Mutter in mir hoch. Ich musste untätig hier warten, während mein ursprünglicher Zug bald in Hamburg sein würde. Einfach ärgerlich. Ich steigerte mich richtig in eine schlechte Stimmung hinein, bis ich merkte, dass mir das auch nichts half. Ob mein Gebet überhaupt angekommen war?

Verzweifelt versuchte ich, dem Ganzen einen Sinn zu geben, aber es fiel mir nichts ein. Schließlich spürte ich eine unerklärliche Ruhe, die über mich kam, und ich dachte: Jetzt ist mein Gebet angekommen. Es hatte sich zwar nichts verändert, aber plötzlich sah ich alles wie von außen, ließ die ganze Szene vor meinen Augen abspulen und merkte, was für eine außerordentliche Geschichte das war. So etwas geschieht einem vielleicht ein einziges Mal im Leben. Später, sagte ich mir, werde ich das alles einmal aufschreiben.

Diese Gedanken, dieses Von-außen-Betrachten beruhigte mich allmählich, und ich sah die Mutter des Kindes in einem anderen Licht. Was für ein Schrecken musste das für sie gewesen sein, als sie davonfuhr und ihr Kind auf dem Bahnsteig zurückließ!

Ich blickte nach draußen und sah nur eine einzige, weiße Fläche. Man konnte tatsächlich keinen Unterschied zwischen Bahnsteig und Schienen sehen.

Als der Zug endlich kam, war das Kind, dessen Namen ich ja nicht einmal kannte, auf meinem Arm eingeschlafen. Ich wagte nicht, den Jungen (jedenfalls kam es mir vor, als sei das Kind ein Junge) in den Kinderwagen zu legen, weil ich befürchtete, er würde aufwachen. Und so hielt ich ihn immer noch in meinen Armen, die allmählich schmerzten.

Der Zug war nicht besonders voll, und ich fand schnell einen Platz. Als ich in dem Abteil meine Geschichte zum Besten gab, waren meine Mitreisenden, drei ältere Damen, fast zu Tränen gerührt. Nein, so etwas hätten sie noch nie gehört. Das sei einfach überwältigend. Und dann noch so kurz nach Weihnachten.

„Was hat denn Weihnachten damit zu tun?", fragte ich verständnislos.

„Wissen Sie", meinte die eine Dame, die in ihrem altrosafarbenen Kostüm mir gegenübersaß, „mit Ihrem Vollbart und dem Kind auf dem Arm sehen Sie aus wie Josef auf der Flucht."

„Aha", sagte ich und fügte hinzu: „... wobei uns die Maria wohl abhanden gekommen ist."

„Die Maria werden Sie ja gleich treffen, die wird sicher froh sein, endlich ihr Kind wiederzuhaben."

Und das war sie auch. Sie entschuldigte sich tausendmal, während sie mir in Uelzen mein Gepäck und den Mantel in die Hand drückte und ich ihr Kind samt Kinderwagen auf der richtigen Seite des Bahnsteigs übergab.

„Hoffentlich denken Sie jetzt nicht, dass das Helfen keinen Sinn mehr hat, nach dieser Erfahrung", rief sie mir zu, als ich wieder in den Zug stieg.

„Aber nein! Wieso denn? Das war doch eine einmalige Erfahrung!"

Als wir langsam losfuhren, lehnte ich mich aus dem Abteilfenster und sah ihr hinterher. Sie redete mit ihrem Sohn und war ganz vertieft darin. Mit einem Ruck schloss ich das Fenster, denn es wurde kalt, setzte mich auf meinen Platz, holte mein Buch heraus und versuchte die Stelle zu finden, an der ich aufgehört hatte zu lesen.

Endlich fand ich sie. Und dann las ich weiter, wie die Hobbits mit ihren Begleitern den Weg suchten, der tief in die unterirdischen Gänge des Gebirges hineinführte. Aber so ganz bei der Sache war ich nicht. Immer wieder stieg die Szene in mir hoch, wie ich auf den Gleisen stand, die Tür zuschlug und die Mutter davonschwebte. Mariä Himmelfahrt sozusagen.

Dabei fiel mir ein, dass ich vergessen hatte, die Mutter nach dem Namen ihres Kindes zu fragen. Schade.

Die goldene Kette

Verfasser unbekannt

Hallo! Ich hoffe, ihr habt ein wenig Zeit, denn ich möchte euch eine Geschichte erzählen, die ich selbst erlebt habe. Das ist zwar jetzt einige Jahre her, aber dafür ist alles wirklich so passiert.

Es fing damit an, dass ich eine Einladung bekam. Eine entfernte Verwandte, die schon seit Langem in einem anderen Land lebte, erwartete ein Kind. Zum Fest der Geburt war ich eingeladen, ebenso zwei meiner Freunde. Und weil wir noch nie in dem fremden Land gewesen waren und überhaupt noch nie eine so weite Reise gemacht hatten, beschlossen wir voller Abenteuerlust, uns auf den Weg zu machen.

Damals, das müsst ihr wissen, gab es noch keine Flugzeuge oder Autobahnen. Daher mussten wir viel Zeit für unsere Reise einplanen. Aber das war kein Problem, wir freuten uns sogar darauf. Denn so bot sich uns die Gelegenheit, unterwegs neue Länder kennenzulernen. Aber etwas anderes beschäftigte uns sehr: Wir machten uns Gedanken darüber, was wir wohl als Geschenk mitnehmen könnten. Meine beiden Freunde hatten sofort eine gute Idee, aber ich überlegte lange. Zu groß und zu schwer darf ein Geschenk nicht sein, das man auf einer so weiten Reise mit sich tragen will.

Da fiel mir nach einigem Überlegen die goldene Kette ein, die schon seit Jahren in unserer Familie immer dem ältesten Sohn gehört. Eine ganz wertvolle goldene Kette aus kostbaren, großen Kettengliedern mit einem seltsamen Schmuckstück dran. Das Schmuckstück sah aus wie zwei gekreuzte Stäbe und war auch aus Gold. Ein Kreuz sozusagen! Keiner aus unserer Familie konnte sich erklären, was das zu bedeuten hatte, denn in unserem Land sah der Schmuck eigentlich ganz anders aus: Wir hatten Herzen, Sterne, ineinander verschlungene Kreise und kleine Tiere aus Gold. Besonders die Tiere fand ich damals schön. Aber ein einfaches Kreuz? Ich wusste nicht, ob das Kind sich darüber freuen würde. Aber immerhin war es aus Gold, und so war es schon ein richtiger Schatz.

Ich hängte mir die Kette um den Hals, und gemeinsam machten wir uns auf den Weg. Durch viele fremde Länder sind wir gereist. Manchmal mussten wir auf freiem Feld übernachten; einmal sind wir sogar zwei Tage in einer Höhle geblieben, weil es in Strömen regnete und wir auf dem aufgeweichten Boden nicht weitergehen konnten. Viele kleine und große Abenteuer haben wir auf der Reise erlebt, aber das aufregendste war die Geschichte mit der Kette.

Alles begann sehr merkwürdig … Ein kleines Kind stand plötzlich mitten im Weg und bat mich um eine Gabe. Es war ganz abgemagert und hatte sicher schon seit Wochen nicht mehr richtig gegessen. Leider haben wir solche armen Menschen oft getroffen, denn es gab zu der Zeit viel Not und Elend. Doch diesmal merkte ich, wie sich die Kette um meinen Hals löste. Mit der einen Hand konnte ich sie gerade noch fassen, mit der anderen Hand fing ich ein einzelnes Kettenglied auf. Ihr könnt euch vorstellen, was für große Augen das Kind bekam, als es in meiner Hand den goldenen Ring sah. Es dachte wohl, dass ich ihn verschenken wollte, daher strahlte es über das ganze Gesicht, begann vor Freude zu hüpfen und umarmte mich. Als ich den kleinen, ausgemergelten Körper des Kindes in meinen Armen spürte, konnte ich nicht mehr anders. Ich habe ihm das Kettenglied wirklich geschenkt und zugesehen, dass ich schnell weiterkam.

Natürlich war die Kette jetzt zu klein, um sie weiter um den Hals zu tragen. Aber ein neugeborenes Kind hat nicht so einen dicken Hals wie ich, nicht wahr? Die Kette würde schon noch passen.

Aber ein paar Tage später sah ich auf unserem Weg eine Gruppe von Waldarbeitern, die Bäume fällten und zu Brennholz machten. Als wir vorbeizogen, fiel einer der Holzfäller vor Erschöpfung zu Boden. Sofort kam der Vorarbeiter mit einer Peitsche in der Hand und schlug auf den armen Mann ein. Meine Hand, in der ich die goldene Kette jetzt trug, steckte in der Manteltasche. Da spürte ich, wie sich auf einmal zwei Glieder der Kette lösten. Ohne zu zögern, gab ich das eine Kettenglied dem Vorarbeiter und kaufte den armen, erschöpften Mann frei. Das andere drückte ich ihm in seine schwieligen Hände. Er starrte mich fassungslos an. „Danke", stammelte er.

„Wenn er das goldene Glied verkauft", dachte ich, „hat er sicher genug Geld, um ein Jahr gut zu leben. Vielleicht kann er sogar noch seine Familie ernähren, so er denn eine hat." Aber ich habe nicht gefragt, sondern bin weitergezogen, bevor jemand unangenehme Fragen stellen konnte.

Die Kette war jetzt eigentlich keine Halskette mehr.

Aber vielleicht konnte das Kind, dem ich sie schenken wollte, die Kette wie ein Armband um das Handgelenk tragen?

Aber schon wieder kam mir etwas in die Quere. Eine heruntergekommene Räuberbande lauerte uns auf und umstellte uns, noch bevor wir begriffen hatten, was geschah. Meine beiden Freunde wollten schon zu ihren Waffen greifen und sich zur Wehr setzen, als sich plötzlich die restlichen Kettenglieder alle auf einmal lösten und mir in meine offene Hand kullerten. „Was!?", dachte ich, „Verbrecher und Lumpenpack soll ich damit beschenken?" Aber die Kette hatte wohl ihren eigenen Willen, und so bot ich den Räubern an, dass jeder von ihnen ein Stück des Goldes bekommen würde, wenn sie uns gehen ließen. Nun, offensichtlich hatte keiner von ihnen Lust zu kämpfen. So stimmten sie schnell zu und ließen uns in Frieden ziehen, jetzt um eine beträchtliche Summe reicher als zuvor.

Aber mir war gar nicht wohl zumute. Die wertvolle Kette war verloren, mir blieb als Geschenk nur noch dieses seltsame Kreuz. Ohne Kette sah es einfach nach gar nichts aus. Sollte ich es überhaupt verschenken? Alle würden vermutlich lachen, denn wer hat schon jemals ein so langweiliges Schmuckstück gesehen?

So kamen wir schließlich an unser Ziel. Durch unsere Abenteuer waren wir nicht rechtzeitig zur Geburt gekommen, aber das war nicht schlimm; es war schön, überhaupt angekommen zu sein. Als ich die ärmliche Unterkunft sah, in der der Vater, die Mutter und das Kind hausten, tat es mir leid um die wertvolle Kette. Die drei hätten das Gold wirklich gebrauchen können: In einem einfachen Stall war das Kind zur Welt gekommen, ganz in der Nähe von Bethlehem. Schon viele andere Menschen – hauptsächlich arme Leute, Hirten und Bauern – waren der Einladung gefolgt und hatten das Neugeborene besucht. Meine beiden Freunde knieten ebenfalls vor dem Kind nieder. Der eine schenkte ihm eine Kiste mit Weihrauch, ein ganz seltener und kostbarer Schatz; mein zweiter Reisegefährte gab seine wertvollsten Salben und Düfte her: Myrrhe, Aloe und Kassia. Nur ich stand etwas verlegen vor dem Kind. Meine Kette war ja verloren. Sollte ich nun wirklich das unscheinbare Kreuz hergeben? Immerhin, es war aus reinem Gold, und wenn es auch zusammen mit der Kette mehr wert gewesen war, so war es doch auch jetzt noch wertvoll für die armen Leute. Da beugte auch ich meine Knie und gab dem Kind das goldene Kreuz.

Ihr glaubt gar nicht, was da geschah: Plötzlich sah ich die Welt voller Licht; Musik erfüllte den Stall von so wunderbarer Reinheit, wie ich sie nie wieder vernommen habe. Und dann hörte ich das Kind sprechen. Ja, der kleine, neugeborene Sohn sprach zu mir! Ich hörte seine Stimme in meinen Ohren, auch wenn der Kleine seinen Mund nicht bewegte.

„Danke!", sagte er zu mir und strahlte mich an.

„Ach!", gab ich leise zurück, und wurde ein wenig verlegen: „Eigentlich gehört noch eine Kette dazu, aber die habe ich auf der Reise verloren."

„Nein", sagte das Kind und lächelte, „nichts hast du verloren. Du hast deine Kette aus Gold nur eingetauscht in eine unendlich wertvollere Kette." Es schaute an mir vorbei. Da wendete ich mich um und mir kamen die Tränen: Ich sah, dass alle, denen ich ein Glied der Kette geschenkt hatte, mir heimlich gefolgt waren und nun das Neugeborene anbeteten. Das abgemagerte Kind war mit seiner ganzen Familie und allen seinen Freunden dort und schaute im Gebet versunken auf die Krippe. Der gemeine Vorarbeiter sah gar nicht mehr so gemein aus und betete genauso wie der arme Holzfäller. Sogar die Räuberbande kniete hinter mir und blickte andächtig auf das Kind. Frieden erfüllte ihre Gesichter.

„Mit den Menschen, die du mir geschenkt hast, werde ich eine Kette durch alle Zeiten bauen", meinte das kleine Kind. „Und hiermit", fuhr es ernst fort und hielt mit beiden Händen das goldene Kreuz fest, „hiermit werde ich dafür sorgen, dass diese Kette bis in den Himmel reicht."

Vom Wünschen und Schenken

von Karl Heinrich Waggerl

Einer unter den Weihnachtsbräuchen, und eigentlich der freundlichste von allen, ist mir selber nach und nach zu einem Albdruck geworden, nämlich die Sitte des Schenkens. Nicht, dass ich etwa ein Ausbund an Geiz und Habsucht wäre, aber in jedem Jahr stelle ich eine umständliche Rechnung an, weil ich mir nicht erklären kann, wie es zugeht, dass jedermann so viel schenken muss und selber so wenig bekommt. Bei uns daheim war die Sache nicht weiter schwierig. Der Vater fand jedes Mal ein Paar gestickte Hausschuhe unter dem Baum, völlig ahnungslos natürlich, er wusste es nur immer so einzurichten, dass die alten Pantoffel erst am Heiligen Abend ihre Sohlen verloren. Der Mutter hingegen wurde ihr blaues Schürzenzeug überreicht, in zahllosen Schachteln verschnürt, und dann hörten wir alle geduldig eine Weile ihr Gejammer an – wie leichtsinnig es sei, so viel Geld für sie auszugeben.

Kurz vor dem Fest, sinnigerweise am Tag des ungläubigen Thomas, musste der Wunschzettel für das Christkind geschrieben werden, ohne Kleckse und Fehler, versteht sich, und mit Farben sauber ausgemalt. Zuoberst verzeichnete ich anstandshalber, was ja ohnehin von selber eintraf, die Pudelhaube oder jene Art von Wollstrümpfen, die so entsetzlich bissen, als ob sie mit Ameisen gefüllt wären. Darunter aber schrieb ich Jahr für Jahr mit hoffnungsloser Geduld den kühnsten meiner Träume, den Anker-Steinbaukasten, ein Wunderwerk nach allem, was ich davon gehört hatte. Ich glaube ja heute noch, dass sogar die Architekten der Jahrhundertwende ihre Eingebungen von dorther bezogen haben.

Aber ich selber bekam ihn ja nie, wahrscheinlich wegen der ungemein sorgfältigen Buchhaltung im Himmel, die alles genau verzeichnete, gestohlene Zuckerstücke und zerbrochene Fensterscheiben und ähnliche Missetaten, die sich durch ein paar Tage auffälliger Frömmigkeit vor Weihnachten auch nicht mehr abgelten ließen.

Wenn mein Wunschzettel endlich fertig vor dem Fenster lag, musste ich aus brüderlicher Liebe auch noch den für meine Schwester schreiben. Ungemein zungenfertig plapperte sie von einer Schlafpuppe, einem Kramladen – lauter albernes Zeug. Da und dort schrieb ich wohl ein heimliches „Muss nicht sein" dazu, aber vergeblich. Am Heiligen Abend konnte sie doch eine Menge von Früchten ihrer Unverschämtheit ernten.

Der Vater, als Haupt und Ernährer unserer Familie, brauchte natürlich keinen Wunschzettel zu liefern. Für ihn dachte sich die Mutter in jedem Jahr etwas Besonderes aus. Ich erinnere mich noch an ein Sitzkissen, das sie ihm einmal bescherte, ein Wunderwerk aus bemaltem Samt, mit einer Goldschnur eingefasst. Er bestaunte es auch sehr und lobte es überschwänglich, aber eine Weile später schob er es doch heimlich wieder zur Seite. Offenbar wagte es nicht einmal er, auf einem röhrenden Hirschen zu sitzen, mitten im Hochgebirge.

Für uns Kinder war es hergebracht, dass wir nichts schenken durften, was wir nicht selber gemacht hatten.

Meine Schwester konnte sich leicht helfen, sie war ja immerhin ein Frauenzimmer und verstand sich auf die Strickerei oder sonst eine von diesen hexenhaften Weiberkünsten, die mir zeitlebens unheimlich gewesen sind. Einmal nun dachte auch ich etwas Besonderes zu tun. Ich wollte den Nähsessel der Mutter mit Kufen versehen und einen Schaukelstuhl daraus machen, damit sie ein wenig Kurzweil hätte, wenn sie am Fenster sitzen und meine Hosen flicken musste. Heimlich sägte ich also und hobelte in der Holzhütte, und es geriet mir alles vortrefflich. Auch der Vater lobte die Arbeit und meinte, es sei eine großartige Sache, wenn es uns nur auch gelänge, die Mutter in diesen Stuhl hineinzulocken.

Aber aufgeräumt, wie sie am Heiligen Abend war, tat sie mir wirklich den Gefallen. Ich wiegte sie, sanft zuerst und allmählich ein bisschen schneller, und es gefiel ihr ausnehmend wohl. Niemand merkte jedenfalls, dass die Mutter immer stiller und blasser wurde, bis sie plötzlich ihre Schürze an den Mund presste – es war durchaus kein Gelächter, was sie damit ersticken musste. Lieber, sagte sie hinterher, weit lieber wollte sie auf einem wilden Kamel durch die Wüste Sahara reiten, als noch einmal in diesem Stuhl zu sitzen kommen! Und tatsächlich, noch auf dem Weg zur Mette hatte sie einen glasigen Blick, etwas seltsam Wiegendes in ihrem Schritt.

In meiner sonst recht kargen Jugend war die Weihnacht wirklich der Inbegriff einer freudenreichen Zeit. Aber ist sie das auch heute noch – freudenreich? Ich jedenfalls laufe tagelang ruhelos durch die Gassen und starre in festliche Schaufenster, um für den und jenen irgendetwas aufzutreiben, was er noch nicht hat, weil er es gar nicht braucht. Dabei wäre das ganze Übel leicht zu beheben, indem man den unnützen Kram, den man selber erhält, wieder weiterschenkt. Aber wer kann sich das Jahr über merken, was er von wem bekommen hat! Leider haben ja die Schenker ein weitaus besseres Gedächtnis als die Beschenkten.

Daheim, in meiner frühesten Zeit, gab es dergleichen Sorgen noch nicht. An einen Christbaum war nie zu denken, schon viel, wenn eine lange Weihnachtskerze die Nacht über brannte. Am Weihnachtsabend musste bis zur Mettenzeit gefastet werden, aber die Mutter hatte Mühe, ihren Kindern diese frommen Opfer deutlich zu machen, Fasttage waren ja nichts Ungewöhnliches bei uns. Rote Glut leuchtete aus dem offenen Feuerloch und warf Schein und Schatten an die Wände, während wir vor der Bank knieten und den Rosenkranz nachbeteten. Nur der Vater durfte ab und zu aufstehen, um die Bratäpfel im Ofenrohr zu wenden, eine schwierige Arbeit, die ihn jedes Mal so lang beschäftigte, bis die Mutter einen mahnenden Blick hinter sich warf. Köstlich zog der Geruch der Äpfel über uns weg durch die Stube, sodass ich mich manchmal an meinem wässrigen „Erlöse uns von dem Übel" verschluckte. Ich hatte ja noch einen anderen Duft in der Nase, den von einer Suppenschüssel mit heißen Würsten darin, die auf uns wartete, wenn wir steif gefroren aus der Mette nach Hause kamen. Das hielt ich damals für das eigentliche Weihnachtswunder: Dass es an diesem einzigen Tag im Jahr sogar noch um Mitternacht etwas Köstliches zu essen gab.

Nun, das ist anders geworden, Gier nach Wurstsuppe plagt mich schon lang nicht mehr. Aber dafür meldet sich ein anderer Hunger. Wie ich es sagte, ich laufe wieder von einem Laden zum andern, um etwas zu finden, womit ich dem Freund oder der Freundin das Herz erwärmen könnte. Nicht, dass ich die Kosten scheute, viel mehr fürchte ich mich vor einem flüchtigen Lächeln des Dankes, einem verlegenen Lächeln wahrscheinlich. Warum nur ist es so schwer geworden, Freude zu schenken und dabei selber froh zu sein? Vielleicht müssten wir alle ein wenig ärmer werden, um wieder reicher zu sein.

Die Ritterburg mit der Zugbrücke

von Hanns Dieter Hüsch

Liebe Virginia!
Du bringst mich ja völlig durcheinander. Mich, den Kabarettisten, den sogenannten Aufgeklärten, der sich sonst über so vieles lustig macht. Natürlich gibt es das Christkind! Aber ja! Es kann nur nicht überall sein.

Stell Dir doch mal vor, wie groß die Welt ist und wie viel Kinder es überall gibt, und wie weit und wie lang das Christkind dann jedes Mal unterwegs sein muss, um bei allen Kindern, bei allen Menschen, bei allen Menschenkindern, wenn auch nur ganz kurz, zu Gast zu sein. Oft natürlich auch völlig unsichtbar. Ja sicher. Denn überleg doch mal, wenn wir das Christkind alle auch noch sehen könnten, wenn es plötzlich neben uns auf der Bank säße, und wenn wir mit ihm sprechen könnten, ja dann würden wir es, wie ich uns kenne, doch gar nicht mehr nach Hause lassen. Oder? Dann müsste es doch immer mit uns spielen und uns die schönsten Geschichten von Himmel und Erde erzählen. Das geht ja leider nicht. Und gerade vor und an und auch noch nach Weihnachten hat ja das Christkind am meisten zu tun, denn es gibt ja, wie gesagt, nicht nur Köln auf der Welt, sondern auch noch viele, viele andere Städte und Dörfer in anderen Ländern und an anderen Flüssen.

Und wenn Du es nicht siehst, liebe Virginia, weil das Christkind eben auch seinen „Stress" hat, genauso wie wir, dann heißt das aber noch lange nicht, dass es das Christkind nicht gibt. Ich sehe Dich ja auch nicht jeden Tag, und weiß doch, dass es Dich gibt. Aber das Christkind sieht uns beide immer. Das ist eben der feine Unterschied, es sieht uns immer. Ganz bestimmt sogar in dem Augenblick, in dem Du meinen Brief liest, dann guckt das Christkind Dir über die Schulter und amüsiert sich ein bisschen darüber, was ich Dir geschrieben habe. Dieser alte Spinner, denkt es dann sicher. Macht nix.

Das Christkind und ich, wir telefonieren manchmal miteinander. Und das geht so: Ich bleibe stehen und gucke an den Himmel, oder auch wenn ich irgendwo sitze, gucke ich nach oben und rede einfach mit dem Christkind. Und das Christkind freut sich dann und wünscht mir alles Gute. Manchmal sagt es auch ganz deutlich: Mach weiter so! Und manchmal sagt es auch: Find ich nicht so gut! Und in der Weihnachtszeit gibt es das Christkind, wie soll ich sagen, natürlich doppelt und dreifach, weil es dann Geburtstag hat und wir singen: Welt ging verloren, Christ ward geboren. Freue dich, o Christenheit! Und das macht Mut und gibt Trost. Und was tröstet, liebe Virginia, das gibt es auch.

Einmal stand in meiner Heimatstadt, in meiner Kindheitsstadt Moers, im ersten Spielwarengeschäft am Platze eine Ritterburg mit Zugbrücke und Wassergraben: Und diese Ritterburg musste ich unbedingt haben. Sechs Wochen lang drückte ich an der großen dicken Schaufensterscheibe meine Nase platt. Diese Burg war eine Wolke. Und am Heiligen Abend gingen mein Vater und ich nachmittags immer noch mal in die Stadt, damit meine Mutter in aller

Ruhe die Bescherung vorbereiten konnte. Ich zog meinen Vater natürlich wieder zu dem Spielwarenladen, und siehe da, die Burg war weg! Was jetzt? Und mein Vater sagte, dass das Christkind möglicherweise mit der Burg vielleicht zu uns geflogen sein könnte. Und dann sind wir wie die Irren nach Hause gerast. Und meine Mutter sagte, sie habe zwar nichts gesehen, aber ein Poltern gehört. Und plötzlich läutete ein Glöckchen und mein Vater kam ganz atemlos in die Küche und sagte, er habe das Christkind ganz wirklich gesehen, es wäre ganz dicht an ihm vorbeigeflogen und wäre wunderschön. Und unter dem silbernen Baum stand wahrhaftig meine Ritterburg.

Liebe Virginia! Die Geschichte mit der Ritterburg ist jetzt neunundfünfzig Jahre her. Damals war ich genauso alt wie Du. Und heute weiß ich, dass mich das Christkind in all den Jahren, den fröhlichen und den traurigen, nie verlassen hat, dass es immer an meiner Seite war. Ich danke Dir für Deine Frage. Sie war wichtig. Denn es gibt auch Zeiten, in denen keine Ritterburg unter dem Christbaum steht.

Dir und Deinen Eltern und Geschwistern: Fröhliche Weihnachten!

Und Gottes reichen Segen!

Quellenverzeichnis

Der Porzellanengel. Melody Carlson, aus: Dies., *Hannas Weihnachtsgäste* © Brunnen Verlag Gießen 2009, S. 133–137.

Das Paket des lieben Gottes. Bertolt Brecht, aus: *Werke. Große kommentierte Berliner und Frankfurter Ausgabe*, Band 19, © Suhrkamp Verlag 1997/Bertolt-Brecht-Erben.

Weihnachten in einem bayrischen Dorf. Elizabeth von Arnim, Erstveröffentlichung. Textvorlage von: *The Estate of Contess Russell, Huntingdon Library*. Aus dem Englischen von Angelika Beck. Für den Originaltext (*Christmas in a Bavarian Village*): Copyright © Elizabeth von Arnim. Für die deutsche Übersetzung: © Insel Verlag, Frankfurt am Main und Leipzig, 2000. Aus: Weihnachten. Insel, Frankfurt am Main und Leipzig, 2000, S. 9–19.

Ich kann euch sagen, es weihnachtet sehr … Erma Bombeck, aus: Dies., *Nur der Pudding hört mein Seufzen* © 2011 Bastei Lübbe GmbH, S. 207–209.

Der Mantel. Dorothee Dziewas, aus: *Sternenglanz und Tannenduft. Ein Vorlesebuch für die Advents- und Weihnachtszeit*, hrsg. von Inge Frantzen © 2008 Gerth Medien GmbH Asslar, S. 154–159.

Unter Hirten. Eva Schwimmer, aus: *Und Petrulla lacht. Heiteres und Besinnliches von ostpreußischen Erzählern* © 1971 Horst Erdmann Verlag für Internationalen Kulturaustausch, Tübingen und Basel, S. 147–150.

Weihnachten – einmal ganz anders. Dorothee Evers © Recht bei der Autorin.

Josef steigt aus. Albrecht Gralle, aus: Ders., *Ein Finger voll Blut* © 2007 SCM R. Brockhaus im SCM-Verlag GmbH, Witten.

Die goldene Kette. Verfasser unbekannt.

Vom Wünschen und Schenken. Karl Heinrich Waggerl, aus: Ders., *„Das ist die stillste Zeit im Jahr."* © Otto Müller Verlag Salzburg 2004.

Die Ritterburg mit der Zugbrücke. Hanns Dieter Hüsch, aus: *Das kleine Weihnachtsbuch*, S. 16 ff. 2012/15, © tvd-Verlag Düsseldorf 1997.